AF331547

UNE VISITE

AUX ILES DE

ST. PIERRE ET MIQUELON.

COMTE MARESCALCHI.

Montréal:

IMPRIMÉ PAR LOUIS PERRAULT & CIE.,

87, RUE ST. JACQUES.

1876

UNE VISITE

AUX ILES DE

ST. PIERRE ET MIQUELON.

Nous trouvant au Canada au milieu de tant de souvenirs français, nous n'avons pas voulu le quitter sans faire une visite aux petites Iles de St. Pierre et de Miquelon, seul reste de nos anciennes Colonies de l'Amérique du Nord.

Il y a deux moyens de se rendre à St. Pierre : le plus régulier et le plus naturel est de prendre à Halifax, (Nouvelle Ecosse,) le petit paquebot " Georges Shattuck " de la Compagnie franco-anglaise, lequel quitte ce port tous les deux lundis avec la correspondance apportée d'Europe par les paquebots anglais de la ligne Allan ; ce bateau reçoit du budget de la Colonie 50,000 francs par an pour ce service postal ; l'autre est de prendre un des vapeurs qui font le service entre St. Jean de Terreneuve et St. Pierre. Cette dernière route est celle généralement suivie par les fonctionnaires de l'Ile qui quittent la ligne Allan à St. Jean, sans avoir à venir jusqu'à Halifax, d'où ils seraient obligés de rebrousser chemin ; mais la première route est la seule régulière et en même temps de beaucoup la plus importante au point de vue commercial ; elle met en effet notre petite Colonie en correspondance directe avec le monde entier, et bien que les rochers de St. Pierre et Miquelon n'aient que 23,500 hectares de superficie, dont le 1/15 à peine est susceptible de quelque culture, il ne faut pas oublier qu'il s'y fait pour plus de 30 millions d'affaires tous les ans, spécialement avec l'Europe et les Antilles.

Une autre raison qui nous attirait à St. Pierre, c'était le désir de nous éclairer sur la question des pêcheries de la côte de Terre-Neuve, laquelle est la source constante de plaintes et de récriminations à notre endroit, de la part du Gouvernement de St. Johns, capitale de l'Ile.

Les intérêts de la France dans ces parages, se divisent en effet en deux catégories bien distinctes :

1.—Le droit de pêche sur les côtes Est et Ouest de Terre-Neuve ;

2.—La pêche sur le Grand Banc et sur les fonds de St. Pierre et Miquelon, dont les produits sont centralisés à St. Pierre.

L'Ile de Terre-Neuve fut colonisée par les Français et leur appartint jusqu'au traité d'Utrecht en 1713. A partir de cette époque, l'Ile continua encore longtemps à être habitée par des colons d'origine française, et jusqu'au milieu du 18è siècle, il n'y eut pas, par ce fait, de discussion avec le Gouvernement anglais, sur les pêcheries et sur le monopole de la France. Ce n'est que vers 1768 que le conflit commence.

En 1783, un nouveau traité est conclu entre la France et l'Angleterre, traité dont l'article V confirme aux Français leur droit de pêche, tel qu'ils l'exerçaient en vertu de la paix d'Utrecht. L'Angleterre ne se trouvait pas à cette époque dans une situation aussi florissante qu'en 1713, et l'opinion publique accusa M. de Vergennes de faiblesse, pour n'avoir pas expressément consacré pour les français le droit exclusif de pêche dans la zône qui leur était assignée, c'est-à-dire, depuis le Cap St. Jean sur la côte Est de Terre-Neuve jusqu'au Cap Rouge, contournant l'Ile en remontant par le Nord et descendant par la côte Occidentale.

Il était trop tard pour modifier le traité, ce fut alors qu'un moyen terme fut adopté entre les deux puissances, pour tourner la difficulté, tout en donnant à la France ce qu'elle demandait. Une déclaration et une contre déclaration furent signées par les plénipotentiaires respectifs et jointes aux corps du traité. On y lit ce qui suit :

" A cette fin et pour que les pêcheurs des deux nations ne fassent " point naître de querelles journalières, S. M. Britannique prendra les " mesures les plus positives, pour que ses sujets ne troublent en aucune " manière, par leur concurrence, la pêche des français pendant l'exercice " temporaire qui leur est accordé, et elle fera retirer, à cet effet, les établis- " sements sédentaires qui y seraient formés."

On lit encore plus loin :

" Les sujets de Sa Majesté Britannique ne molesteront aucunement " les pêcheurs français durant leurs pêches, ni ne dérangeront les échafau- " dages durant leur absence."

Ce sont là des clauses bien claires, bien explicites, par lesquelles le Roi d'Angleterre limitait sa souveraineté sur Terre-Neuve et ce texte si précis et si catégorique se trouve de plus appuyé par une jouissance incontestée presque séculaire.

Il peut paraître, après cela pour le moins étrange que certains journaux ou pamphlets viennent nier notre droit exclusif de pêche, demandant que nos *outrages* ne soient pas plus longtemps tolérés et nous traitent d'*intrus* et de *pirates*.

Après le traité de 1783 le monopole des pêcheurs français s'exerça d'une manière incontestée pendant près de dix ans, de sorte que la France a pour elle : 1. Un titre régulier ; 2. Une entrée en possession, avec une longue jouissance sans contestation.

Avec l'année 1793, recommence une période de guerres entre la France et l'Angleterre, période qui ne devait cesser définitivement qu'en 1815. Toutefois, il faut noter que les négociations successives de 1801, (traité d'Amiens) de 1814 et de 1815 rendent invariablement à la France, le bénéfice des clauses stipulées en 1783.

Cependant, Terre-Neuve s'était développée depuis la fin du 18è siècle, et elle ne put voir, sans un dépit violent et fort naturel du reste, le rétablissement d'un monopole qui l'arrêtait dans son expansion. Il était dur pour ces pêcheurs de s'interdire l'exploitation des baies poissonneuses et de ne pouvoir même élever de constructions sur certaines côtes, par suite d'arrangements entre deux puissance éloignées. Il est en effet naturel que les habitants d'un pays entendent être maîtres de leur sol.

De là naquit une divergence de vues entre la Colonie de Terre-Neuve et la Métropole. L'Angleterre d'une part ayant conscience de ses engagements, respecte les droits de la France, et s'efforce de les faire respecter. La colonie de l'autre protestant, ne voulant pas reconnaître la déclaration annexe du traité de Versailles, s'obstine à traiter les français en usurpateurs.

L'attitude loyale et correcte de l'Angleterre s'accentue pour la première fois dans la proclamation de Sir Charles Hamilton, Gouverneur et Commandant-en-Chef de l'Ile de Terre-Neuve et de ses dépendances, datée du 12 Août 1822.

Voici cette proclamation :

" PROCLAMATION

" de Sir Charles Hamilton, Gouverneur et Commandant-en-Chef de l'Ile
" de Terre-Neuve et de ses dépendances.

" Nous, Gouverneur, considérant qu'il est stipulé par l'article 13 du
" traité définitif de paix, conclu entre Sa Majesté et le Roi de France, et
" signé à Paris le 30 Mai 1814, que les droits de pêche des français au
" Grand Banc de Terre-Neuve, sur les côtes de l'Ile de ce nom et des Iles
" adjacentes situées dans le Golfe St. Laurent, seraient remis sur le pied
" où ils se trouvaient en 1792 ; lequel article 13 a été confirmé de nou-
" veau par l'article 11 du traité définitif entre la Grande Bretagne et la
" France, conclu à Paris le 20 Novembre 1815 ; Considérant que le droit
" de pêche réservé aux sujets de Sa Majesté très chrétienne par le dit
" traité, s'étend depuis le Cap St. Jean, par la côte Est de Terre-Neuve,
" jusqu'au Cap Rouge, contournant l'Ile en remontant par le Nord et des-
" cendant par la côte occidentale ; Considérant enfin, qu'il nous a été
" représenté que des déprédations avaient été commises par des sujets
" anglais, au préjudice de français établis dans les dites limites : Faisons
" connaître, par la présente proclamation, que les sujets de Sa Majesté

" -très chrétienne doivent avoir pleine et entière jouissance de la pêche
" dans les limites et bornes ci-dessus énoncées, pour en faire usage, suivant
" qu'ils y sont autorisés par le traité d'Utrecht."

" A cette fin, il est expressément enjoint à tous les officiers, magistrats
" et autres fonctionnaires de notre Gouvernement de donner des ordres
" dans leurs diverses stations et dépendances respectives, pour qu'aucun
" trouble ou empêchement ne soit apporté, sous quelque prétexte que ce
" puisse être, à l'exploitation de la dite pêche par les français, *à qui les dits
" Officiers et Magistrats devront assistance en cas de besoin.*"

" En conséquence, il a été notifié à tous les sujets de Sa Majesté
" dépendant de la partie de Terre-Neuve ci dessus désignée, de n'inter-
" rompre en aucune manière, la pêche des sujets de Sa Majesté très-chré-
" tienne, dans les limites qui viennent d'être mentionnées."

" Si aucun des sujets de Sa Majesté refusait de quitter cette partie de
" la côte dans un délai convenable après notification, les Officiers, sous
" nos ordres, devront prendre des mesures pour que les échafauds et
" autres établissements, crées par les récalcitrants, pour l'exploitation des
" dites pêcheries, soient enlevés, ainsi que les navires et les bateaux en
" dépendant et qui se trouveraient dans les limites susdites. Les dits
" Officiers sont, en conséquence autorisés à user des moyens qu'ils jugeront
" nécessaires pour contraindre les sujets de Sa Majesté à quitter cette
" partie de la côte de l'Ile, et ils devront les prévenir qu'ils seront traduits
" devant les tribunaux à raison de leur refus, conformément à l'Acte du
" Parlement."

" Donné par nous, à Port Towers-hend, St. Jean, Terre-Neuve, le 12
" Août 1822."

" Signé : C. HAMILTON."

" Par ordre de Son Excellence ;

" Signé : P. C. LE GEYT."

Rien de plus honorable que l'attitude prise par le Gouverneur Sir
Charles Hamilton ; toutefois, les colons de Terre-Neuve ne se découragè-
rent pas pour cela, ils s'adressèrent à Londres et trouvèrent un député,
M. Robinson, qui en 1835 fit au sujet des pêcheries de Terre-Neuve une
interpellation au parlement : mais le Cabinet refusa d'y répondre.

Les choses continuèrent ainsi sans toutefois affecter les relations des
deux grandes puissances. Enfin, profitant des relations amicales créées
par la guerre de Crimée, le Gouvernement Impérial chercha à régler
définitivement toutes ces querelles, des plénipotentiaires furent nommés
de part et d'autre et ils tombèrent d'accord en 1857, sur un projet de convention qui reconnaissait aux français le *droit exclusif* de pêcher et d'user du

ŕivage : 1. A l'Est, du Cap St. Jean aux Iles du Kirpont ; 2. Au Nord, des Iles du Kirpont au Cap Normand ; 3 A l'Ouest, du Cap Normand au Cap Roch dans la Baie des Iles, ainsi que dans cinq hâvres désignés spécialement.

A la nouvelle de cette convention, une véritable sédition éclata dans la Capitale de Terre-Neuve. Une multitude furieuse parcourut les rues, traînant les armes de la Reine attachées à la queue d'un cheval ; il est inutile d'ajouter que le traité anglo-français soumis à l'approbation de la législature coloniale, fut repoussé ; de sorté qu'il resta non ratifié : Il n'en demeure pas moins un document très précieux, qui témoigne une fois de plus que l'Angleterre reconnait comme fondées les prétentions de la France.

L'impatience de la population de Terre-Neuve n'a rien au fond que de très naturel. Elle se voit en effet privée du droit de pêcher et. d'exploiter les ressources de son territoire. Ses plaintes loyalement exprimées trouveraient certainement un bon accueil à Versailles, mais pour arriver à un accord, il faut écarter toute discussion sur un mauvais terrain et commencer par reconnaître les droits dont on réclame la cession.

Partant de ce principe qui est la condition *sine qua non* de toute tentative d'arrangement, on peut se demander sur quelle bâse on pourrait chercher à s'entendre ; la question est très complexe et nous ne sommes pas assez compétent pour nous permettre de proposer une solution.

L'appât dont on se sert pour prendre la morue, désigné sous le nom général de *boëtte*, de l'anglais *bait* est de trois sortes, chaque espèce étant employée suivant la saison : la première est le hareng que les anglais pêchent en abondance sur les côtes de Terre Neuve et qu'ils vendent à nos pêcheurs, dès que les glaces ont permis à ceux-ci d'arriver, c'est-à-dire dans le courant de Mars, le deuxième est le capelan, qui nous est encore fourni par les anglais, ce poisson venant en grande abondance vers la fin de Mai et le commencement de Juin sur la côte Méridionale de Terre Neuve, et constituant la principale ressource des habitants de Lameline et de la Baie de Fortune, nos pêcheurs sont dans la nécessité de renouveler leur provision de *boëtte* vers cette époque, car la morue ne veut plus de hareng dès que le capelan a fait son apparition ; le troisième est l'encornet dont une partie est pêchée sur les côtes de nos petites îles, mais en quantité bien insuffisante, de sorte qu'encore pour ce dernier nous sommes tributaires des Anglais.

Une solution proposée par quelques personnes, laquelle n'est pas à proprement parler une solution, mais simplement un nouveau *modus vivendi*, consisterait à renoncer au droit exclusif de pêche sur les côtes Est et Ouest désignées sous le nom de *French Shore*, à condition que les Anglais nous permissent, en échange de venir pêcher notre *boëtte* sur leur côte Sud, ce qui nous délivrerait du tribut que nous leur payons annuellement et qu'on peut estimer en moyenne à 500,000 fr. Mais en supposant que ce soit une satisfaction accordée aux pêcheurs de morue Anglais, ce serait d'autre part une perte énorme pour les habitants de la côte Sud qui s'y opposeront de tous leurs efforts ; d'ailleurs, comme nous le disions plus haut, ce ne serait pas là une solution définitive et le jour ne serait pas éloigné où les habitants de Terre Neuve oubliant ce nouveau traité, comme ils semblent aujourd'hui avoir oublié l'ancien, trouveraient très mauvais qu'une puissance étrangère ait le droit de pêcher dans leurs propres eaux.

Une compensation territorale en échange de l'abandon absolu de notre droit sur les côtes Est et Ouest parait impossible, il est douteux en effet que la Grande Bretagne, ou l'une quelconque de ses Colonies, voulût entrer dans cette voie.

Une indemnité paraitrait la solution la plus simple. La France dispose sur le *French Shore* de 200 places environ ; admettant qu'elle soient toutes occupées et prenant la somme de 100,000 fr. comme moyenne pour représenter la valeur de chaque bateau avec ses armements, on arriverait à une indemnité de 20 millions de francs. Or, Terre Neuve n'est pas en état d'aborder de pareilles sommes et il est douteux que la métropole consente à lui en faire l'avance.

En attendant que l'on trouve la solution de ce difficile problême, nous croyons qu'il est essentiel que la France fasse respecter son droit actuel dans toute sa plénitude, et augmente à cet effet sa station navale pendant la saison de la pêche. Deux batiments de guerre et deux goëlettes, qui constituaient notre fiottille en 1876 nous paraissent tout à fait insuffisants. C'est surtout dès le début des opérations qu'il faut s'affirmer. Il est en effet plus facile d'empêcher les bâtiments étrangers de mouiller et de jeter leurs seines au fur et à mesure qu'ils se présentent, que d'en déloger un certain nombre déjà établis et dont la pêche est commencée. En effet le premier rebuté prévient les autres de la présence des stationnaires, et ceux-ci n'osent plus s'aventurer sachant la manière dont a été accueilli celui qui les avait précédés. Pour ne citer qu'un exemple, nous croyons savoir qu'à la fin de la campagne 1876, alors que la pêche à la morue était pour ainsi dire terminée, plus de trente bâtiments anglais étaient mouillés au point dit le Port aux choix sur la côte Ouest, pêchant le hareng au moment de son deuxième passage. Or que peut faire une goëlette devant un nombre aussi imposant de pêcheurs en contravention : sa voix n'est plus entendue et son autorité n'est plus respectée. L'officier à bout d'arguments doit s'en aller ou bien se décider à des moyens violents devant lesquels on hésite toujours. Le plus simple au besoin est l'emploi de la *chatte* pour détruire les filets des pêcheurs récalcitrants. On appelle *chattes* ces sortes de grappins ou d'ancres a plusieurs branches, ne se terminant pas toutefois par des becs mordant dans le sol et dont on se sert lorsqu'on veut draguer le fond de la mer pour, par exemple, y ramasser un câble ou une chaîne qu'on aurait été obligé de couper et d'abandonner soudainement devant l'approche du mauvais temps. Un officier se met dans un canot trainant à l'arrière une de ces *chattes* et passe sur les filets ou sur les lignes des pêcheurs en contravention et de la sorte les déchire et les détruit. Il est toujours fâcheux de devoir en arriver à ces moyens extrêmes et il vaut mieux prévenir le mal que de se mettre dans la nécessité de le réprimer.

Le *French Shore* est divisé par l'autorité française en un certain nombre de places de pêche ; tous les cinq ans, les armateurs de France qui ont l'intention d'armer pour la côte de Terre-Neuve en font, dans un délai déterminé, la déclaration au Ministre de la Marine ; le nombre de demandes est toujours très sensiblement inférieur au nombre de places dont on peut disposer. Chaque armateur fait en même temps connaître l'importance de son armement. Il y en a trois séries ; la première comprend les bâtiments de 158 tonneaux et au dessus devant avoir 50 hommes d'équipage au moins ; la deuxième les bâtiments de 100 à 158 tonneaux ayant au moins 30 hommes d'équipage ; la troisième les bâtiments de moins de 100 tonneaux ayant au moins 25 hommes, s'ils doivent faire usage de seines ; ils peuvent n'en avoir que 20 s'ils ne doivent pas en faire usage. Les postes de pêche sont également divisés en trois catégories correspondantes. Commençant par la première catégorie, on tire successivement au sort le nom des bâtiments et chacun choisit la place qui lui convient parmi celles laissées vacantes par les bâtiments que le sort a appelés avant lui. On procède de même pour la deuxieme et la troisième catégories et chacun a ainsi sa place déterminée pour une période de cinq années.

Les places de pêcheurs sont généralement sédentaires, c'est-à-dire que le bâtiment arrivé à son poste est trainé à terre et y restera jusqu'à la fin de la saison et l'équipage s'établit dans des cabanes dépendant de la place de pêche. Parmi ces constructions s'en trouve une qui porte le nom de *chauffaud,* corruption du mot échafaud ; c'est un édifice bâti sur des pilotis, que les chaloupes chargées accostent pour y jeter leur poisson.

Les seines dont on se sert sont d'énormes filets de plus de 300 mètres de long et de 25 à 30 mètres de hauteur. Une des extrémités en étant mouillée sur un fond poissonneux, le *seinier* laisse filer le reste en décrivant avec sa barque un cercle de façon à revenir au point de départ. Tout le poisson pris de la sorte dans cet immense filet est versé dans les chaloupes qui le portent au *chauffaud* et le *seinier* va de suite plus loin recommencer la même opération.

On laisse pendant la morte saison, les différents édifices à la garde de quelque famille du pays, pour les garder et les entretenir ; or ces familles autorisées à pêcher à la ligne de main pour se créer une petite ressource deviennent d'année en année plus nombreuses et finissent par constituer de véritables petits villages, qui ont le caractère de constructions permanentes, ce qui est contraire à l'esprit du traité et ce qui nous prépare de nouvelles difficultés, car les intérêts de cette population sédentaire, que nous aurons créée nous mêmes, se trouveront un jour en opposition avec les nôtres.

Il y a sur la côte Est 175 places, la pêche ne s'y exerce que de la façon sédentaire ; 43 de ces places seulement ont été occupées pendant la campagne 1876.

Il y a sur la côte Ouest 32 places ; dans 14 d'entre elles la pêche s'exerce de la façon sédentaire ; ces 14 places ont été toutes occupées, mais parmi les 18 autres, il y en a 9 qui n'ont pas été concédées.

Enfin à l'Ile Rouge il y a un établissement d'un caractère un peu spécial occupé généralement par les mêmes armateurs où chaque année 120 hommes sont occupés à la pêche avec la ligne de main.

D'après ce qui précède on voit que 141 places n'ont pas été demandées ; ce sont certainement les moins bonnes, et plutôt que de les laisser inoccupées, n'est-il pas naturel qu'on y ait toléré la présence de bateaux anglais de Terre Neuve ou de la Nouvelle Ecosse.

Mais, hélas ! ce sont là autant de circonstances qui autorisent les habitants de ces pays à dire que les Français n'ont pas un droit absolu sur ces côtes, ainsi qu'ils le prétendent en vertu du traité.

Malheureusement à chaque tirage quinquennal le nombre des demandes va en diminuant plutôt qu'en augmentant ; mais si l'effet contraire venait à se manifester n'aurait-on pas quelque difficulté à convaincre les Anglais, qui ont pris l'habitude de pêcher sur certains postes, d'avoir à quitter les lieux.

Avant de terminer cette petite étude sur les pêcheries de Terre Neuve et de passer à celles du Banc qui intéressent directement notre établissement de St. Pierre Miquelon, rendons encore une fois justice aux autorités anglaises de la métropole, qui chaque fois qu'elles ont été requises par nous pour faire respecter le traité, dans tel ou tel cas particulier, n'ont jamais hésité à le faire, ni mis notre droit en discussion.

- Les Iles St. Pierre et Miquelon sont situées entre 46 et 47 degrés de latitude Nord environ. Les anciennes cartes portent deux Iles Miquelon : la grande Miquelon au Nord et la petite Miquelon ou Langlade au Sud de la précédente. Aujourd'hui le passage entre ces deux Iles est bouché par des dunes de sable de neuf à dix kilomètres de long. Toutefois ces deux Iles dont le sol est élevé, quoique réunies par cette bande de sable ont conservé leurs anciennes dénominations.

La surface totale de nos possessions, ainsi que nous l'avons déjà dit est de 23,500 hectares environ ; Miquelon entrant pour 12,000, Langlade pour 9,000 et St. Pierre pour 2,500, dans cette évaluation.

Le sol est montagneux, toutefois ces montagnes ne dépassent pas la hauteur de 250 mètres, il est tourmenté et rempli de tourbières dites dans le pays *terres noires* sur lesquelles on ne pourrait s'avancer sans danger. Quand on veut se rendre de Langlade au village de Miquelon qui se trouve à l'extrémité nord de l'Ile du même nom, il faut suivre la plage Est ou la plage Ouest et ne pas s'aventurer par l'intérieur de l'Ile, à moins que ce ne soit en hiver auquel cas on passe partout sur la neige gelée, à pieds, à cheval ou en traineaux tirés par des chiens du pays.

Il y a sur ces îles une quinzaine de fermes représentant une superficie totale de 1520 hectares mis en valeur, on y fait principalement du foin pour le bétail qu'on y élève. On fabrique avec une variété de pin désigné sous le nom de *spruce*, une bière dite *sapinette* ou bière de *spruce* qui n'est pas désagréable à boire.

Le climat de ces îles quoique rude passe pour sain et sa rigueur n'exerce, que sur la végétation, sa fâcheuse influence. La moyenne annuelle de la température est de 5⁰ au-dessus de zéro ; toutefois le climat n'y est pas extrême, c'est-à-dire que ces Iles n'ont point comme certains pays de la même ligne isotherme les étés de Paris et les hivers de Petersbourg. Les plus basses températures de l'hiver varient en général entre 14 et 16 degrés centigrade au-dessous de zéro, bien que quelquefois le thermomètre descende au-dessous de 20 degrés. En été la température ne dépasse jamais 21⁰ et ce sont là des chaleurs exceptionnelles.

Les vents sont fréquents ; en hiver ceux du Nord et du Nord-Est, occasionnent ce que dans les Alpes on appelle la tourmente et ce qu'à St. Pierre on appelle le *poudrin* ; malheur à celui qui s'aventure loin des habitations un jour de *poudrin* ; impossible de voir et de respirer au milieu de cette poussière glacée ; il ne se passe pas d'année qu'on ne compte quelque victime de ce fléau. Mais les vents les plus dangereux sont ceux du Sud-Est, qui occasionnent des tempêtes redoutables et c'est dans une bien autre proportion qu'on constate les désastres causés par ces tempêtes. C'est un bateau qui rentre au port sans ancre, sans lignes, sans embarcations, la mer a tout enlevé, d'autres fois ce sont des matelots qui manquent à l'appel ; les armateurs sont à la suite de ces coups de vent dans la plus grande inquiétude ; ils sont sans nouvelles de tel ou tel bâtiment qui se trouvait sur les bancs : on pense tous les jours le voir rentrer au port pour réparer les avaries qu'il a dû subir et combien y en a-t-il tous les ans dont on n'entend plus jamais parler. Tous les vents Sud, depuis le Sud-Est jusqu'au Sud-Ouest sont généralement accompagnés de brumes, autre danger redoutable. Les paquebots venant d'Europe sur l'Amérique, depuis le tra-

Vers de Terre Neuve jusqu'à New York, font route sur les bancs ; par la brume ils ne peuvent distinguer un bateau pêcheur que quand ils sont dessus ; le paquebot fait constamment résonner son sifflet, le pêcheur répond avec une trompe, mais souvent on se trouve l'un sur l'autre sans s'en douter, le choc est inévitable, le paquebot a coulé le pêcheur et si en ce moment la mer est déchaînée on est presque obligé de renoncer à chercher les victimes ; d'ailleurs, l'intensité de la brume ne vous permet pas de voir un malheureux qui quelquefois est tout près du bord. Enfin si on en croyait quelques pêcheurs il se trouverait des capitaines de navires à vapeur, qui en pareille circonstance filent au plus vite sans regarder derrière eux pour n'avoir pas à être compromis par des poursuites judiciaires; ils savent que la brume a empêché le pêcheur de lire leur nom et indifférents aux sinistres de mer au milieu desquels ils vivent, ils continuent leur route sans que jamais personne ne connaisse le drame qui vient de se passer. Toutefois nous voulons croire que ce sont là des exagérations de pêcheurs ou qu'au moins de pareils faits ne sont que de très-rares exceptions.

On compte à St. Pierre une moyenne de 100 jours de brume par an.

Nous avons eu sous les yeux une carte sur laquelle on a eu soin de pointer tous les bâtiments échoués sur les petites Iles de St. Pierre et de Miquelon. La plupart sont jetés *au plein*, c'est-à-dire à la côte, par le mauvais temps, d'autres, et ils sont nombreux, naviguent avec des vieilles et mauvaises cartes et croient que le passage existe encore entre Langlade et Miquelon ; aussi cette bande de sable est-elle couverte de vieux débris de navires. Depuis 1816 on compte 125 bâtiments perdus sur les côtes de Miquelon et 112 sur celles de St. Pierre. Sur ce total de 237 bâtiments perdus, 122 sont anglais, 92 français, les 23 autres sont américains, belges, allemands ou de nationalité inconnue.

Les produits de la pêche à la morue centralisés aux Iles St. Pierre et Miquelon ont donné en 1875, 4,101,750 kilogrammes de morue sèche, 10,305,184 kilog. de morue verte, 148,601, kilog. d'huile de foie de morue, 311,185 kilog d'issues de morues et 157,285 kilog. de rogues ; en outre dans cette même année il y a eu un mouvement de marchandises importées représenté par la valeur de 8,518,694 fr. dont 3,832,494 pour marchandises françaises ; quant au mouvement de marchandises exportées, il a été de 9,909,256 fr. dont 8,182,325 de marchandises françaises ; total général 18,427,950 fr. ce qui représente avec la pêche un mouvement d'affaires de plus de 30 millions de francs.

Le budget total de cette petite colonie atteint près de un million de francs et peut se diviser en quatre catégories: 1. Budget des Communes ; 2. Service Local ; 3. Service Colonial : 4. Service Marine.

Le budget de la commune de St. Pierre s'élève à 77,000 frs. et celui de la Commune de Miquelon à 4,950 fr. Une grande partie de ces sommes est consacrée à l'instruction des enfants, qui sont nombreux dans cette petite Colonie. Cela représente pour les deux communes un total de 81,950 francs.

Le service local correspond au budget propre de la colonie, ses recettes sont les contributions directes et indirectes, des produits divers, tels que ceux provenant de la poste, de l'imprimerie du gouvernement, des droits de greffe, etc., etc. enfin une subvention de 65,000 fr. accordée par la métropole ; ce qui constitue un total de 275,150 francs.

Le service Colonial est à la charge de la métropole, ses principales sources de dépense sont celles qui correspondent au matériel, au campement, au casernement, aux vivres, aux troupes, aux hôpitaux ; à lui incombent également le traitement du Gouverneur Colonial, le Commissariat de la Marine, la justice, les cultes, etc., etc., il atteint la somme totale de 301,427 francs.

Le service marine correspond à la dépense moyenne annuelle pour solde aux états majors et équipages, ainsi que pour leurs vivres et le matériel correspondant. On peut l'estimer à 284,000 francs.

On obtient donc un total général de 942,527 francs.

Il ne serait pas juste de reprocher à la colonie les 284,000 francs inscrits au titre : budget marine, en effet la mère patrie n'eut-elle pas la petite colonie de St. Pierre, n'en diminuerait pas pour cela la marine nationale. La colonie ne coûte donc en réalité que 301427 francs inscrits au budget colonial, plus les 65,000 francs de subvention accordés au budget local, soit un total de 366,427 francs, chiffre déjà fort respectable. On doit regretter que la métropole soit obligée de se charger d'une dépense aussi lourde, d'autant plus qu'elle débourse encore tous les ans une somme considérable sous forme de primes d'armement et de primes sur les produits ; mais il ne faut pas oublier qu'il se fait autour de St. Pierre un nombre considérable d'affaires et que l'industrie de la pêche à la morue fait vivre un très grand nombre de pêcheurs et constitue une rude école pour notre marine. Enfin, passant de mains en mains, la morue finit par être un article important d'exportation pour le commerce français.

Un certain nombre d'armateurs arment tous les ans en France pour la pêche du banc et rapportent directement la morue au port d'armement, sans avoir rien à faire avec St. Pierre, ce genre de pêche n'intéressant aucunement la Colonie, nous la passerons sous silence.

Les opérations de pêche centralisées à St. Pierre sont de deux sortes, les armements de la métropole, avec sècherie à St. Pierre et Miquelon, et les armements locaux. Il est juste d'ajouter à ces deux catégories, le mouvement des longs courriers et des caboteurs.

En 1875, il a été armé en France à destination de St. Pierre : 108 navires pêcheurs et 103 long courriers.

Dans la même année, les armements locaux ont été de 178 navires pour la grande pêche ; 520 pour la petite pêche autour des Iles mêmes et 23 long courriers ou caboteurs.

Le tout avec les doubles entrées a représenté un tonnage de 105,391 tonneaux et un personnel de plus de 6,700 matelots.

Enfin, le commerce étranger a été représenté par 741 bateaux qui ont porté la *boëtte* de Terre-Neuve à St. Pierre, plus 174 navires du commerce à un titre quelconque, ce qui donne un total de 915 navires étrangers, correspondant à 31,085 tonneaux.

D'après ce qui précède, on peut déjà se rendre compte de l'importance des affaires dont le petit rocher de St. Pierre est le centre.

Voyons maintenant comment se fait la pêche et occupons nous d'abord de la grande pêche, c'est-à-dire des armements faits par la métropole.

Les navires partent de France dans les premiers jours de Mars, ils sont porteurs de sel pour saler les morues et prennent en outre des marchandises et des passagers ; ces derniers sont destinés à armer les bâtiments locaux ou encore à travailler a terre à étendre la morue au soleil, en ce cas ils portent le nom de *graviers*. Arrivés à St. Pierre, ces bâtiments y prennent leur première *boëtte*, c'est-à-dire le hareng, ils y reviendront successivement prendre le capelan et l'encornet.

Les navires ainsi armés, sont de deux sortes : les trois-mâts ou brigs et les goëlettes. Les premiers portent des chaloupes creuses, mais très lourdes, qui tout armées peuvent valoir jusqu'à 1200 francs l'une, ils en ont jusqu'à 3 et 4, mais plus généralement 2. Ces chaloupes sont connues sous le nom de chaloupes du banc. Les seconds ne portent pas de chaloupes, mais prennent à St. Pierre des petites embarcations appelées *doris* qui constituent un article important d'exportation pour la ville de Boston.

Ces navires vont alors sur le banc se mettre à l'ancre avec une touée très longue, cette touée ou câble a l'avantage de présenter plus d'élasticité et de moins fatiguer le navire qu'une chaîne qui risquerait de se briser, dans les forts coups de tanguage. A l'approche du mauvais temps, il faut amener l'ancre, si l'on a trop tardé il faut couper le câble, ce qui constitue toujours une grande perte pour l'armateur. Bien des Capitaines hésitent à le faire ; si le temps continue alors à grossir, le navire finit par passer tellement sous la lame, qu'il est trop tard, personne ne peut plus approcher des bittes, c'est-à-dire du point d'attache du câble, pour le couper, et il faut alors tenir à l'ancre ou y périr. C'est ainsi que bien des navires *banquiers* ont disparu.

Le grand navire dont l'équipage comporte environ 20 hommes, une fois à l'ancre, va commencer la pêche, chaque chaloupe montée par 6 ou 7 hommes va tendre les lignes de fond dites généralement *palangres*, elles ont souvent jusqu'à 2000 mètres de long avec un hameçon de brasse en brasse. On les tend généralement vers 4 heures du soir, on les lève le lendemain matin, les extrémités de la ligne étant marquées par des bouées. Les chaloupes après avoir tendu les lignes devraient rejoindre le bord, mais pour éviter du chemin et de la fatigue, il arrive trop souvent que les hommes amarrent leur chaloupe à l'extrémité de la ligne et y passent la nuit, si alors le mauvais temps les surprend, ils sont incapables de rejoindre le navire que la brume les empêche même de voir et la chaloupe est alors perdue avec tout son équipage par suite de l'insouciance de ces hommes énergiques mais indifférents au danger, et dont il faut bien le dire, l'intelligence un peu grossière ne profite jamais des leçons de l'expérience.

Ainsi que nous l'avons déjà dit les goëlettes sont armées de *doris*, un équipage de 12 hommes correspond à un tonnage de 60 à 65 tonneaux ; chaque *doris* comporte 2 hommes. Ce systême a sur le précédent cet avantage, que en cas de mauvais temps, le *doris* est plus facilement et plus vite amené que la chaloupe.

Au fur et à mesure que le matin on lève les lignes, la morue est détachée de l'hameçon et abandonnée dans le fond de la chaloupe et la ligne est *lovée*, c'est-à-dire enroulée à l'usage des câbles de navires, dans des mannes ou paniers, de façon à pouvoir être filée facilement sans s'embrouiller et sans qu'il se forme de nœuds.

Les chaloupes arrivées le long du bord y lancent les morues en les piquant par la tête à l'aide de *piquois*, les lignes sont également mises à bord et passent entre les mains des *boiteurs*, qui ainsi que leur nom l'indique vont les armer de nouveau ; quant à la morue elle va être livrée aux *ébrégueurs* qui sont plusieurs suivant le travail qu'ils ont à faire, ce sont :

Le *piqueur* qui, saisissant la morue de la main gauche, le pouce et le premier doigt sur les yeux de l'animal, donne un coup de couteau à piquer de chaque côté des ouïes et un à la gorge, puis éventre la morue jusqu'au $\frac{2}{3}$ à partir de la tête.

Le *décolleur* qui, mettant la morue sur une table, enlève les intestins et les jette à la mer, enlève le foie qu'il jette dans une baille, ainsi que les rogues, qu'il jette dans une autre, retourne la morue la place de façon que sa tête dépasse le bord de la table, puis saisissant celle-ci d'une main et le corps du poisson de l'autre, le décapite et en jette la tête à la mer.

Le *trancheur* généralement le patron du bateau, armé d'un petit couteau à lame hélicoïdale, achève d'ouvrir la morue jusqu'à la queue, l'étale, prend l'épine dorsale par le milieu et de son couteau, sépare celle-ci de la chair jusqu'au ⅔ de la longueur en partant du cou, la coupe en ce point et la fait sauter à l'eau.

L'énocteur, généralement le mousse, enlève à l'aide d'une cuiller en forme de gouge, les quelques gouttes de sang qui sortent de la partie de l'arrête qu'on a conservée, lesquelles tacheraient la morue, met ensuite celle-ci sur une planche inclinée et la fait ainsi glisser dans la cale.

Le *saleur* la reçoit, la sale et l'arrime, c'est-à-dire la met en couches.

Dans ces conditions la morue peut être expédiée directement en France, on la désigne alors sous le nom de morue au vert ; ou bien elle est envoyée à St. Pierre pour y être séchée.

La pêche locale avec pirogues ou warys petits bâteaux ayant quelque analogie avec les doris, se fait avec les lignes de main. Il y a deux hommes dans chaque embarcation et chacun d'eux tient une ligne de la main droite, l'autre de la main gauche, pardessus chaque bord du bâteau. Quand ceux ci sont pleins ou que le mauvais temps les oblige à renter, les hommes mettent leur pêche à terre et là le même travail que nous avons vu faire à bord des grands bateaux, recommence.

La morue portée à St. Pierre pour y être séchée est d'abord déposée dans des sortes de paniers et lavée à l'eau de mer, puis mise en couches à base rectangulaire, de 1ᵐ 10 de haut, sur 90 centimètres de large environ, afin de s'égoutter. Chaque fois que le temps le permet des hommes dits *graviers*, venus de France pour faire ce métier pendant la campagne, l'étendent sur des grêves de galets preparées à cet effet, la remettent en pile et la recouvrent chaque soir et recommencent cette opération autant de fois qu'il est nécessaire. On dit alors que la morue prend un, deux, trois, etc. soleils.

Enfin si elle doit aller en France, au Canada ou aux Etats-Unis, on la charge telle quelle sur des long-courriers, si au contraire elle doit aller dans les pays chauds tels que les Antilles ou la Réunion, qui en font une grande consommation, elle est emboucautée c'est-à-dire mise et pressée dans des fûts, ou boucauts.

Les produits de la pêche se partagent généralement de la façon suivante, deux tiers reviennent à l'armement, l'autre tiers est partagé suivant les engagements entre les différents hommes de l'équipage et leur est payé en argent. L'équipage reçoit en outre des gratifications sur la part de l'armement, ce qui constitue pour lui près de la moitié du total.

Les foies servent à la fabrication de l'huile de foies de morue pour la corroierie, quelquefois pour les pharmacies. Les rogues ou œufs serviront d'appât pour pêcher l'anchois et la sardine.

L'industrie de la pêche à la morue est favorisée par l'allocation de primes accordées par le Gouvernement, divisées en primes d'armement et en primes ser les produits.

La prime d'armement est de 50 francs par homme d'équipage pour la pêche avec sécherie, soit à la côte de Terre Neuve, soit à St. Pierre.

La prime sur les produits est de 20 francs par quintal métrique de morues sèches, de pêche française, expédiées, soit directement des lieux de pêche, soit des entrepôts de France, pour tout port d'Amérique, d'Asie ou d'Afrique, (moins le bassin de la Méditerranée) où se trouve un Consul de France. Si elles sont exportées d'un port de France sans y avoir été entreposées, la prime est réduite à 16 fr. Elle est également de 16 fr. par quintal métrique de morues sèches de pêche française expédiées, soit directement des lieux de pêche, soit des entrepôts de France pour tout port d'Europe et pour le bassin de la Méditerranée, moins pourtant l'Algérie et la Sardaigne. Elle n'est plus que de 12 francs pour ces deux derniers pays. Enfin il est accordé une prime de 20 francs par quintal métrique de rogues rapportées en France.

Dans toutes ces opérations on voit que les têtes et les intestins sont perdus. Une société s'était fondée pour faire de ces résidus une sorte d'engrais mais les Iles n'étant pas susceptibles de grosses exploitations agricoles, ces produits devenaient trop chers lorsqu'on avait à les transporter au loin et la Compagnie a cessé, au moins pour le moment, sa fabrication.

Telle est en résumé l'histoire de la pêche à la morue autour des Iles de St. Pierre et Miquelon. A la fin de Septembre et au commencement d'Octobre tous les pêcheurs retournent en France, et l'animation de la rade disparait pendant tout l'hiver. Les Américains seuls pêchent toute l'année sur le banc, il est vrai qu'ils ne sont pas loin de leurs côtes, mais se figure-t-on les souffrances et le travail de ces hommes, par ces gros temps d'hiver alors que les cordages recouverts d'eau de mer glacée, ne veulent plus courir dans les poulies et que la manœuvre devient pour ainsi dire impossible. Notons encore que les Américains conservent leur *boëtte* dans de la glace, tandis que nous la conservons dans du sel. Ce dernier système rend la *boëtte* plus facile à manier avec les doigts, mais il parait certain que le mode américain est plus agréable à la morue et c'est là la grande question. Il semblerait que c'est la routine surtout qui jusqu'à présent nous a empêchés d'adopter le procédé américain.

Une industrie qui a pris un grand développement à St. Jean de Terre-Neuve depuis quelques années, c'est la pêche ou plutôt la chasse du phoque. C'est une industrie aussi lucrative que dangereuse. Tous les ans, vers le mois de Février, des navires vont s'enfermer dans la banquise et là la chasse commence, elle ne dure que six semaines et pourtant on a vu chaque homme revenir avec 1200 à 1300 francs pour sa part. Il est presque indispensable de faire cette pêche avec des vapeurs.

Nous ne voulons pas terminer cette étude sans exprimer notre admiration pour nos hardis pêcheurs et sans dire tout l'intérêt que nous portons à nos armateurs. S'il y a des années heureuses, il y en a aussi de bien dures à traverser. Pendant notre séjour à St. Pierre, deux coups de vents formidables sont venus s'abattre sur les bancs. Celui du 29 Août et celui des 10 et 11 Septembre. Le premier a présenté tous les caractères d'un véritable cyclone, il a sévi entre 44° 40' et 46° 38' de latitude et 52° 10 et 57° 35' de longitude, ravageant ainsi une partie du grand banc. Il a commencé à 5 heures du soir et s'est terminé dans la matinée du lendemain. Le deuxième s'est fait ressentir sur le Grand Banc, sur le banc de St. Pierre et sur le Banquereau. On ne sait pas encore combien de bâtiments et d'hommes ont été victimes de ces fléaux. A la date du 22 Septembre on avait déjà constaté la perte de 7 goëlettes, dont heureusement les équipages avaient été sauvés, mais combien peut-être y en a-t-il parmi celles dont on n'a pas encore de nouvelles qui ne reviendront pas. Sur 94 goëlettes de la pêche locale, rentrées à St. Pierre à l'heure à laquelle nous écrivons, 53 ont perdu un total de 1500 brasses de câbles, 655 brasses de chaines, 698 pièces de lignes, 26 doris, 17 chaloupes. Sur 15 navires métropolitains 14 ont perdu un total de 280 brasses de câbles, 330 brasses de chaines, 120 pièces de lignes, 1 doris et 23 chaloupes.

La campagne de 1876 péut-être considérée comme mauvaise, la troisième pêche, celle pour laquelle on se sert de l'encornet est pour ainsi dire nulle ; mais le courage ne fait pas défaut à cette vaillante population ; chacun va prendre ses quartiers d'hiver, réparer ses pertes et se disposer pour la campagne prochaine.

En quittant St. Pierre où nous avons été si cordialement accueilli nous faisons les vœux les plus sincères pour que le succès réponde aux efforts de ses habitants.

COMTE MARESCALCHI.

Saint Pierre Miquelon, 23 Septembre 1876.